BOEKANALYSE

De school voor vrouwen

· · · · · · · · · · · · · · · · · · ·

Molière

BOEKANALYSE

Geschreven door Isabelle Consiglio
Vertaald door Nikki Claes

De school voor vrouwen

MOLIÈRE

MOLIÈRE

FRANS TONEELSCHRIJVER, ACTEUR EN TONEELMEESTER

- **Geboren in Parijs in 1922**
- **Stierf daar in 1673**
- **Opmerkelijke werken:**
  - *Dom Juan* (1665), komedie
  - *The Miser* (1668), komedie
  - *The Bourgeois Gentleman* (1670), comédie-ballet

Molière (zijn echte naam was Jean-Baptiste Poquelin) werd in 1622 in Parijs geboren in de gegoede burgerij. Al vroeg besloot hij een carrière in het theater na te streven en richtte samen met actrice Madeleine Béjart het gezelschap Illustre Théâtre op. Na twaalf jaar theaterreizen in de provincies keerde hij terug naar Parijs, waar hij werd opgemerkt door Lodewijk XIV, die hem in dienst nam.

thHij schreef voornamelijk komedies waarin hij, onder het mom van humor, de gebreken van zijn tijdgenoten belichtte (kieskeurigheid, pedanterie, gierigheid, enz.) en kritiek op de 17e-eeuwse maatschappij (autoritaire vaders, religieuze hypocrisie, kwakzalvers, enz.). Zijn vele toneelstukken zijn nog steeds invloedrijk, waardoor Molière een van de belangrijkste auteurs van de klassieke eeuw is.

Hij stierf in Parijs in 1673.

DE SCHOOL VOOR VROUWEN

EEN KLUCHTIG TONEELSTUK

- **Genre:** toneelstuk (komedie)

- **Referentie-uitgave:** Molière (1971) *De school voor vrouwen*. Trans. Wilbur, R. Harcourt: New York.

- **Eerste uitgave:** 1662

- **Thema's:** onderwijs, vrouwen, huwelijk, liefde, satire, onwetendheid

Een rijmkomedie in vijf bedrijven, voor het eerst op 26th december 1662, *De school voor echtgenotes* vertelt de liefdesgeschiedenis tussen Horace en Agnes, een naïeve jonge vrouw die wordt beloofd aan de oude Arnolphe. Met de steeds terugkerende thema's van de bedrogen echtgenoot bespreekt Molière op polemische wijze de opvattingen van zijn tijd over het huwelijk en de plaats van de vrouw in de maatschappij.

Het stuk mengt elementen die typisch zijn voor kluchten, met inhoud van satirische strekking, wat het meer conservatieve publiek van die tijd schokte. Molière beantwoordde deze kritiek door in 1663 *Kritiek op de school voor vrouwen te* schrijven, een komedie die dezelfde thema's gebruikt onder de dekmantel van een essay.

SAMENVATTING

AKTE I

Arnolphe, een tirannieke oude man, wil trouwen met de jonge Agnes, op wiens opvoeding hij van jongs af aan heeft toegezien. Gedwongen om het leven van een kluizenaar te leiden, is zij vreselijk naïef. De toekomstige echtgenoot, die meer dan wat ook in de wereld vreest door zijn vrouw te worden bedrogen, ontwikkelt een strategie om Agnes' opvoeding te beperken en zo snel mogelijk te trouwen, ondanks de waarschuwingen van zijn vriend Chrysalde: "Ja, maar wie een ander uitlacht, moet oppassen dat hij zelf niet wordt uitgelachen" (Akte I, Scène 1).

Bij zijn terugkeer van een lange reis ontmoet Arnolphe de jonge Horace, die zijn liefde voor Agnes opbiecht. De twee jongeren ontmoeten elkaar vaak tijdens de afwezigheid van de heer des huizes. Arnolphe is in de stad ook bekend onder de naam "M. de la Souche", een naam die hij verkiest omdat die nobeler klinkt. Horace weet dus niet dat Arnolphe en M. De la Souche dezelfde persoon zijn en hij vertelt hem zijn plan om Agnes te bevrijden uit de klauwen van de oude man die haar gevangen houdt.

ACTE II

Woedend over wat hij zojuist gehoord heeft, probeert Arnolphe meer te weten te komen over de relatie tussen de twee jonge mensen. Ondervraagd beschrijft Agnes zonder aarzelen de liefkozingen en complimenten die Horace haar geeft. Arnolphe overtuigt haar ervan een steen te gooien naar haar minnaar, die op haar wacht bij het raam van haar slaapkamer. Ontstemd besluit de oude man de voorbereidingen voor het huwelijk te bespoedigen door zijn advocaat te raadplegen.

AKTE III

Arnolphe houdt een lange toespraak over gehoorzaamheid en het huwelijk. Agnes moet al zijn regels uit het hoofd leren: als echtgenote mag ze geen bezoek ontvangen in afwezigheid van haar man, of mooi zijn voor de ogen van andere mannen. Zo hoopt Arnolphe de jonge ingénue te vormen tot een volgzame en trouwe echtgenote: "Ze is als een stukje was in mijn handen, en ik kan haar de vorm geven die ik wil" (Act III, Scène 3).

Ondanks alle inspanningen van haar toekomstige echtgenoot toont Agnes dat ze begrip en zelfs geestdrift bezit door, zonder dat hij het weet, een tedere boodschap op te nemen in de steen die ze naar gooit. Deze laatste, nog steeds niet op de hoogte van de identiteit van zijn vertrouwelinge, leest Arnolphe de brief van jonge vrouw voor, waarin zij haar gevoelens voor hem beschrijft, evenals besef dat zij weinig van het leven weet.

AKTE IV

Arnolphe aarzelt om Agnes voor deze daad te straffen, omdat hij oprecht van haar houdt. Als de notaris arriveert om de details van het huwelijk te bespreken, verneemt de oude man dat er een geheime ontmoeting is georganiseerd tussen Horace en Agnes: de jongeman zou met behulp van een ladder. Agnes' slaapkamer binnengaan. Arnolphe geeft zijn twee lakeien, Alain en Georgette, opdracht Horace te slaan zodra hij door het raam komt. Bovendien begrijpt Chrysalde, de vriend van Arnolphe, zijn obsessie niet, want volgens hem wordt de eer van een man niet afgemeten aan de trouw van zijn vrouw.

AKTE V

Horace wordt aangevallen door de twee lakeien. Uit angst dat hij dood is, roepen ze Arnolphe. In het algemene tumult weet Agnes uit haar kamer te ontsnappen en bekent haar liefde aan Horatius. Horace is van plan de jonge vrouw te ontvoeren en wil haar enkele dagen op een veilige plaats verbergen. Verstopt onder een jas om niet door Agnes herkend te worden, biedt Arnolphe aan haar bij hem onder te brengen. Zich bewust van het bedrog, verklaart de jonge vrouw eerlijk dat ze niet van Arnolphe kan houden vanwege zijn opvatting over het huwelijk. Als reactie op deze bekentenis dreigt de oude man haar naar een nonnenklooster te sturen.

Vertwijfeld hoort Horace van de komst van Oronte, zijn vader. Oronte vertelt hem dat hij al een huwelijk voor hem geregeld heeft. Chrysalde onthult onbewust dat Arnolphe en M. de la Souche dezelfde persoon zijn. Aangezien Horace de man kent die Agnes onder die naam gevangen houdt, begrijpt hij het bedrog. Enrique, de zwager van Chrysalde, herkent Agnes als zijn dochter. Als resultaat van een buitenechtelijke verbintenis was zij eerst toevertrouwd aan een boerin, daarna aan

Arnolphe. Het huwelijk van Agnes en Horace kan dus plaatsvinden met toestemming van hun beide ouders, want het was Agnes die Oronte in het geheim voor zijn zoon had bestemd.

KARAKTERSTUDIE

ARNOLPHE

Arnolphe, een norse en inhalige oude man, wil zich vooral verzekeren van de trouw van zijn vrouw. Daarmee is hij typerend voor het klassieke karakter van de oude man die de gunst van een veel jongere vrouw wil verwerven. Manipulatief en jaloers gebruikt hij trucs om zijn verloofde ver te houden van Horace, die hij als een echte bedreiging beschouwt. Hij haat ontwikkelde vrouwen en geeft zelf toe dat hij liever "een heel domme en lelijke vrouw heeft dan een heel mooie met veel verstand" (Akte 1, Scène 1).

Hoewel Arnolphe geen sympathie oproept, verklaart hij dat hij echt van Agnes houdt.

AGNES

Agnes, een jonge vrouw die in een klooster is opgevoed en geen onderwijs heeft genoten, is onwettig. Als kind wordt ze onder de hoede gesteld van boeren en vervolgens van Arnolphe, die al van plan was met haar te trouwen. Vanaf het begin van het stuk is Agnes de belichaming van de ingénue-figuur: zo naïef dat ze aan het belachelijke grenst, is ze zich niet bewust van het minder perfecte karakter van haar situatie. Terwijl ze praat over de naaiwerkzaamheden die het grootste deel van haar dagen moeten vullen, lijkt Agnes zich niet bewust van de toespelingen die in Arnolphe toespraak zijn verspreid:

Agnes. Wat zal ik je strelen, als dit gebeurt.
Arnolphe. Ha! En ik zal hetzelfde met jou doen.
Agnes. Ik weet nooit wanneer mensen een grap maken.
Spreek je serieus?
(Act II, Scene 5)

Na de ontmoeting met Horatius begint de jonge vrouw echter te twijfelen aan de opvoeding zoals die door Arnolphe is bedacht. Ze laat zien dat ze in staat is tot kritische reflectie en bedrog, zoals blijkt uit de liefdesbrief die ze naar Horace gooit. Agnes' karakter is dus niet zo duidelijk als het op het eerste gezicht lijkt en vertoont psychologische diepgang. Haar liefde voor Horace stelt haar bloot aan wereld, in tegenstelling tot de liefde die Arnolphe voor haar heeft.

HORACE

Als jongeman uit een goede familie belichaamt Horace het karakter van de jonge held: jong, knap en charismatisch, met een onberispelijk karakter, in tegenstelling tot Arnolphe Verliefd op Agnes vanaf het moment dat hij haar ziet, ziet hij zijn vijand aan voor een vertrouweling, vanwege zijn geleende naam.

Horatius lijkt zich te verzetten tegen de opvatting over de opvoeding van de vrouw zoals Arnolphe die voorstaat. Integendeel, hij stelt de liefde boven alles en heeft er een quasi-contemplatieve bewondering voor: "Weet de liefde het begrip niet te scherpen? En kan worden ontkend dat zijn vurige vlammen wonderlijke effecten hebben op het hart? "(Act III, Scene 4). Hij kan eindelijk met Agnes trouwen dankzij zijn koppigheid en zijn listen, maar vooral dankzij de komst van zijn vader en de onthulling van de afkomst van de jonge vrouw.

CHRYSALDE

Arnolphe's vriend en vertrouwelinge, Chrysalde belichaamt de matigende kracht van het stuk. Zijn weinige tussenkomsten vinden steeds plaats op sleutelmomenten in de plot. Als stem van de rede leest hij Arnolphe de les en maakt hem bewust van zijn excessen. Hij is ook het personage dat het stuk afsluit met een moraal: "Als het je zo goed lijkt om geen bedrieger te zijn, is je enige koers om niet te trouwen" (Akte V, Scène 9).

Dit personage speelt ook een belangrijke rol in de plot omdat hij familie van Agnes: hij is namelijk de oom van de jonge vrouw en de zwager van Otronte.

ALAIN EN GEORGETTE

Dit boerenechtpaar is in dienst van Arnolphe. Alain en Georgette zijn door hun gedrag en taalgebruik zeer representatief voor de karakters van de klucht. Naïef en grof, het is door hen dat de bezoeken van Horace aan Agnes in afwezigheid van de meester worden toegestaan. Het komische element dat door deze twee personages wordt geïntroduceerd is visueler en grotesker dan de trucs die door Horace en Agnes worden ingezet. Dit is om te beginnen het geval wanneer Arnolphe terugkeert (akte I, scène 2): de twee bedienden maken ruzie over wie van hen de deur voor de meester zal openen. Een ander voorbeeld van deze visuele strip is het pak slaag dat Horace krijgt, en dat een typische scène is in een klucht (Akte V, Scène 1).

ANALYSE

DE PLAATS VAN DE VROUW: EEN HEDENDAAGS DEBAT

Het hoofdthema van *De school voor vrouwen* is onderwijs en de plaats die de maatschappij aan vrouwen moet toekennen. Hoewel het personage van Arnolphe zo misogynistisch is dat hij model staat voor dat soort gedrag, moet het stuk niet gelezen worden in het licht van moderne concepten, zoals het feminisme. *De school voor vrouwen* weerspiegelt namelijk een specifieke historische context: De periode waarin de komedie werd geschreven was er een van belangrijke sociaal-culturele omwentelingen.

In de eerste helft van de 17th eeuw werden literaire salon opgericht. Ontstaan als reactie op de soms vulgaire esthetiek van die tijd, ontstond in die salons de trend van de Preciositeit. Deze trend, die vooral gericht was op verfijning in spraak en gedrag als geheel, trok veel vrouwelijke persoonlijkheden aan. Het was in deze kostbare salons dat de debatten over de opvoeding van jonge vrouwen en het huwelijk op gang kwamen, een kwestie die door Molière in dit toneelstuk aan orde wordt gesteld. Vaak bespot en gekarikaturiseerd - ook door Molière zelf in *The Affected Ladies* in 1659 - gaven de kostbare salons de vrouwen niettemin om zich te uiten.

Het stuk van Molière is dus in een specifieke context geplaatst. Zijn doel is niet beperkt tot het aan het lachen van zijn publiek: hij spiegelt enkele preoccupaties van die tijd, waardoor het komische repertoire wordt opgefrist.

EEN KOMEDIE VOL VERRASSINGEN

Hoewel het de centrale discussie over de opvoeding van vrouwen en hun plaats in de maatschappij was die het conservatieve publiek het meest schokte, was het vooral de vorm en opbouw van het stuk die controversieel was. Molière zorgt op verschillende manieren voor een frisse wind in het komische genre:

- Dit stuk was de eerste komedie die een structuur in vijf bedrijven en in verzen aannam, en die zelfstandig bestond, aangezien de meeste komedies in die tijd werden opgevoerd als aanvulling op een ander werk. De structuur deed denken aan de klassieke tragedie. *De school voor vrouwen* volgde niet de regel van eenheid van handeling. Molière gebruikte namelijk de techniek van de opeenvolgende vertelling: Horace vertelt zijn discussies met Agnes aan Arnolphe. Veel scènes worden uitsluitend verteld en niet getoond (zoals bijvoorbeeld het pak slaag dat Horatius krijgt).

- De komedie van Molière leent enkele thema's en situaties uit de kluchttraditie. Dit komische en genre wordt gekenmerkt door de aanwezigheid van personages waarvan de psychologie slechts oppervlakkig wordt en door groteske en vulgaire situaties. Deze elementen zijn aanwezig in de komedie, in de personages van de lakeien, Alain en Georgette. Door een complexe opbouw van de dialogen verzacht Molière de vulgariteit van het vaak gebaarde genre aanzienlijk.

- De inhoud van *De school voor echtgenotes doet* denken aan het klassieke repertoire van de situatiekomedie, waardoor de toeschouwer deze situaties snel kan herkennen. Dit is bijvoorbeeld het geval met het thema van de bedrogen oudere echtgenoot - in de persoon van Arnolphe - of van het thema van de nutteloze voorzorg, dat in die tijd vaak werd gebruikt. Ondanks alle listen van Arnolphe ontsnapt Agnes uiteindelijk aan hem, omdat hij niet kan voorkomen dat ze van Horace houdt. De plot eindigt met een onverwachte gebeurtenis: de onthulling van Agnes' afkomst. Deze plotselinge ontdekking van een onbekende afkomst en de onthulling daarvan zijn ook terugkerende technieken in het komische genre.

Door elementen uit de traditie van de klucht te introduceren in een klassieke structuur die doet aan de tragedie, voegt Molière de genres samen, en dit was wat hem het mikpunt van kritiek maakte. De polemische inhoud van het stuk gaf een grotere legitimiteit aan het komische genre.

DIVERSE KOMISCHE TECHNIEKEN

Door de verschillende invloeden die aan de basis lagen van deze komedie werden verschillende komische technieken geïntroduceerd, gebaseerd op gebaren of woorden:

- De personages van Alain en Georgette introduceerden de franse lach van de klucht. Zij staan aan de oorsprong van de situatiekomedie. Dit is bijvoorbeeld het geval wanneer zij ruziën over wie de deur van hun meester zal openen (akte I, scène 2). Ook de scène van de komst van de notaris (akte IV, scène 2), waarin Arnolphe zijn gesprekspartner niet ziet en zich niet bewust is van diens gesprek, behoort tot het komische repertoire van de klucht;

- Het komische element wordt ook in het verhaal geïntroduceerd door de verschillende gebeurtenissen die achtereenvolgens door Arnolphe en Horace worden verteld. Er ontstaat een misverstand tussen deze twee mannen, omdat de jonge Horace niet weet dat zijn vertrouweling de oude man is die ook bekend staat onder de naam M. de la Souche. Deze verwarring wordt gedurende het hele stuk gebruikt en geeft aanleiding tot vele dialogen die zeer grappig zijn voor de toeschouwer die, in tegenstelling tot de personages, een totaalbeeld heeft van de situatie (zie akte III, scène 4 wanneer Horace Arnolphe vraagt met hem te lachen om de sluwheid van Agnes om de oude man te misleiden door hem een brief te geven);

- De techniek van de dubbele betekenis van de taal wordt ook gebruikt, vooral in de dialogen tussen Arnolphe en Agnes, waardoor een onderliggende betekenis wordt gecreëerd die, nogmaals, het publiek kan begrijpen:

> Arnolphe *Naast al deze toespraken, al deze mooie complimenten,*
> *heeft hij je ook niet een paar strelingen gegeven?*
> Agnès. *Oh, zoveel! Hij nam mijn handen en mijn armen,*
> *en werd nooit moe ze te kussen.*
> Arnolphe *Agnes, heeft hij je niets anders gegeven?*
> *(Act II, Scene 5)*

VERDERE REFLECTIE

ENKELE VRAGEN OM OVER NA TE DENKEN...

- Hoe vertegenwoordigt Arnolphe een klassiek personage in de komedie? Zoek andere voorbeelden van soortgelijke personages in andere toneelstukken.

- Is *The School for Wives* volgens jou een feministisch toneelstuk? Rechtvaardig je mening.

- Wat is Molière's belangrijkste doel met dit specifieke toneelstuk?

- Wat bekritiseert Molière specifiek in dit stuk?

- Hoe doet de structuur van dit stuk denken aan die van de klassieke tragedie?

- Wat behoort in dit stuk tot het genre van de klucht?

- Welke komische technieken gebruikt de auteur?

- Waarom kan *Kritiek op de School voor Vrouwen* worden gezien als een vervolg op *De School voor Vrouwen*?

- Dit toneelstuk markeert het begin van de samenwerking tussen Molière en koning Lodewijk XIV. Is deze samenwerking zichtbaar in het stuk? Motiveer je antwoord.

VERDER LEZEN

REFERENTIE-UITGAVE

Molière (1971) *De school voor vrouwen*. Trans. Wilbur, R. Harcourt: New York.

*We horen graag van jou! Laat
een reactie achter op jouw online bibliotheek
en deel je favoriete boeken op social media!*

De uitgever garandeert de betrouwbaarheid van de gepubliceerde informatie, die echter niet onder zijn verantwoordelijkheid valt.

www.50minutes.com

Master ISBN: 9782808687690
Papier ISBN: 9782808699099
Wettelijk depot: D/2023/12603/1189

Omslag: © Primento

Digitaal ontwerp: Primento, de digitale partner van uitgevers.